글 정화영

오랫동안 방송 작가로 일했고, 지금은 어린이 책을 쓰고 있습니다. 2018년 〈엄마의 봄날〉,
2021년 〈백 투 더 북스〉로 휴스턴국제영화제 다큐멘터리 부문 백금상을 수상했습니다.
어린이 책 《수학 마법쇼》와 어른을 위한 책 《서툴지만, 결국엔 위로》,
《아이티 나의 민들레가 되어 줘》 등 여러 책을 썼습니다.

그림 하루치

글과 그림으로 수다를 대신하며 하루하루를 이어 갑니다. 환경 에세이 《지구를 위해 모두가 채식할 수는 없지만》,
그림책 《어뜨 이야기》를 쓰고 그렸습니다. 《모두가 원하는 아이》, 《스피드》 일러스트에 참여했습니다.

기획·자문·감수 한국항공우주연구원

항공 우주 기술을 연구하는 국가 전문 연구 기관입니다. 누리호와 같은 우주 발사체 분야뿐만 아니라
항공, 인공위성, 위성 항법, 우주 탐사, 위성 영상 활용, 무인 이동체 등 다양한 분야의
항공 우주 기술을 연구·개발합니다.

누리호의 도전

초판 1쇄 발행 2023년 10월 31일
초판 7쇄 발행 2025년 1월 24일

글 정화영
그림 하루치
기획·자문·감수 한국항공우주연구원
펴낸이 최순영

교양 학습 팀장 김솔미 **편집** 고양이
키즈 디자인 팀장 이수현

펴낸곳 ㈜위즈덤하우스 **출판등록** 2000년 5월 23일 제13-1071호
주소 서울특별시 마포구 양화로 19 합정오피스빌딩 17층
전화 02) 2179-5600
홈페이지 www.wisdomhouse.co.kr **전자우편** kids@wisdomhouse.co.kr

ⓒ 한국항공우주연구원, 정화영, 하루치, 2023

ISBN 979-11-6812-825-5 73550

* 이 책의 전부 또는 일부 내용을 재사용하려면 반드시 사전에 저작권자와 ㈜위즈덤하우스의 동의를 받아야 합니다.
* 인쇄·제작 및 유통상의 파본 도서는 구입하신 서점에서 바꿔드립니다.
* 책값은 뒤표지에 있습니다. * 이 책의 사용 연령은 8~13세입니다.

뉴 스페이스 시대 어린이를 위한 우주 과학 교양

누리호의 도전

글 정화영 ▲ 그림 하루치
▲ 기획·자문·감수 한국항공우주연구원

위즈덤하우스

차례

발사 33시간 전 　　　　12

　💬 생생 인터뷰 　　　　18

발사 30시간 전 　　　　20

발사 28시간 전 　　　　24

　💬 생생 인터뷰 　　　　30

발사 10시간 전 　　　　32

발사 2시간 전 　　　　36

　💬 생생 인터뷰 　　　　40

발사 5초 전 　　　　42

발사 125초 후   50

     생생 인터뷰   54

발사 875초 후   56

     생생 인터뷰   60

누리호 발사 성공 뒷이야기   62

     생생 인터뷰 뒷이야기   70

     작가의 말   72

생생 인터뷰에 답해 줄 우주 과학 박사님을 소개합니다!

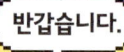
반갑습니다.

조남경 박사님
누리호를 들어 올리는 우주 발사체 엔진의 연소 시험을 담당했어요.

여인석 박사님
누리호의 연료 공급 시스템을 연구하고, 발사체 안전장치 시스템을 완성했어요.

백승환 박사님
누리호 극저온 액체 추진 기관을 개발하고, 누리호 비행 시간을 계산하고 연구했어요.

남창호 박사님
누리호에 들어가는 엔진을 설계하고, 누리호 발사 때 엔진의 기능을 점검했어요.

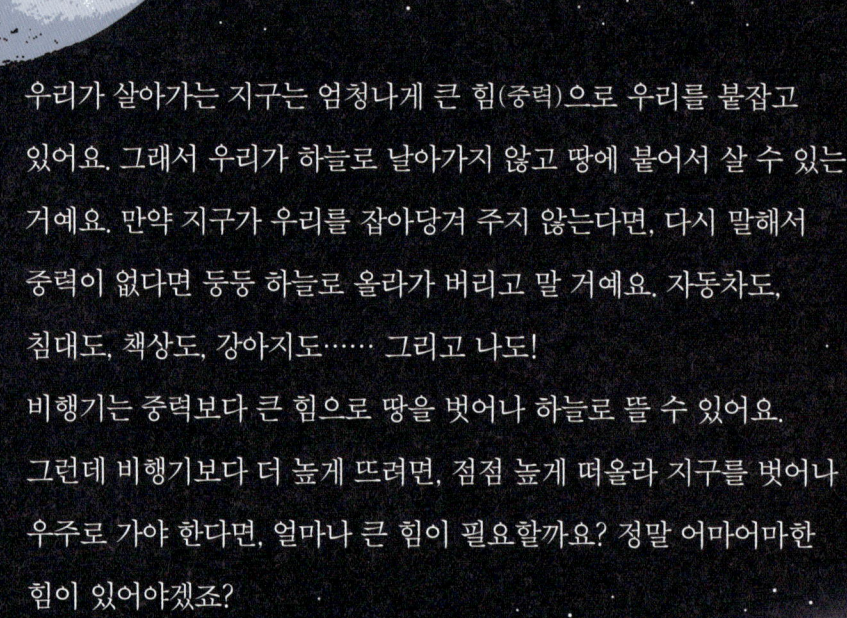

우리가 살아가는 지구는 엄청나게 큰 힘(중력)으로 우리를 붙잡고 있어요. 그래서 우리가 하늘로 날아가지 않고 땅에 붙어서 살 수 있는 거예요. 만약 지구가 우리를 잡아당겨 주지 않는다면, 다시 말해서 중력이 없다면 둥둥 하늘로 올라가 버리고 말 거예요. 자동차도, 침대도, 책상도, 강아지도…… 그리고 나도!
비행기는 중력보다 큰 힘으로 땅을 벗어나 하늘로 뜰 수 있어요. 그런데 비행기보다 더 높게 뜨려면, 점점 높게 떠올라 지구를 벗어나 우주로 가야 한다면, 얼마나 큰 힘이 필요할까요? 정말 어마어마한 힘이 있어야겠죠?

지구 밖 우주에는 많은 행성이 있어요. 수성도 있고, 금성도 있고, 화성도 있고……. 태양도 있어요. 달처럼 우리 지구 주변을 빙글빙글 돌고 있는 위성도 있어요. 위성은 어떤 행성이 당기는 힘으로 그 주변을 도는 천체를 말해요.

위성 중에는 놀랍게도 사람들이 만들어서 우주로 쏘아 올린 것도 있어요. 그런 걸 우리는 인공위성이라고 해요. 도대체 어떻게, 무슨 힘으로, 누가, 지구 밖으로 쏘아 올렸을까요?

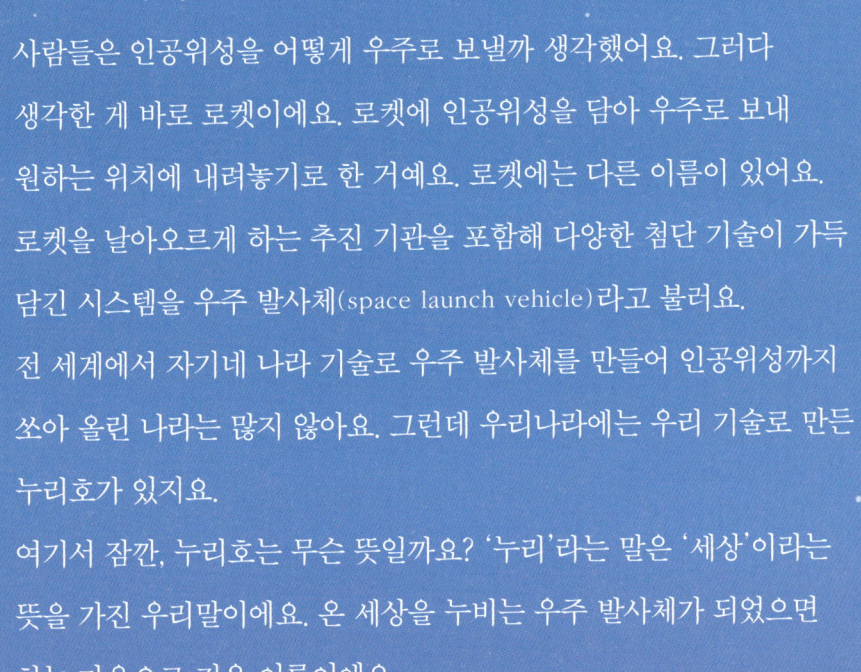

사람들은 인공위성을 어떻게 우주로 보낼까 생각했어요. 그러다 생각한 게 바로 로켓이에요. 로켓에 인공위성을 담아 우주로 보내 원하는 위치에 내려놓기로 한 거예요. 로켓에는 다른 이름이 있어요. 로켓을 날아오르게 하는 추진 기관을 포함해 다양한 첨단 기술이 가득 담긴 시스템을 우주 발사체(space launch vehicle)라고 불러요.

전 세계에서 자기네 나라 기술로 우주 발사체를 만들어 인공위성까지 쏘아 올린 나라는 많지 않아요. 그런데 우리나라에는 우리 기술로 만든 누리호가 있지요.

여기서 잠깐, 누리호는 무슨 뜻일까요? '누리'라는 말은 '세상'이라는 뜻을 가진 우리말이에요. 온 세상을 누비는 우주 발사체가 되었으면 하는 마음으로 지은 이름이에요.

지금부터 누리호가 어떻게 우주로 날아올라 인공위성을 내려놓게 되었는지 그 이야기를 해 보려고 해요. 누리호가 완성된 뒤, 우주로 날아오를 때까지 숨 막히는 순간들을 따라가 볼 거예요. 준비됐나요? 좋아요! 그럼 출발해 봐요! 첫 장소는 어디일까요?

33:00:00
발사 33시간 전

이곳은 대한민국 최초의 우주 기지가 있는 곳이에요.
우리나라에도 우주 기지가 있었다니! 만약 몰랐다면 지금 지도를 검색해 봐요.
'외나로도'라는 이름의 섬에 있는 대한민국 우주 기지의 이름은 '나로 우주
센터'라고 해요.

발사
조립 시험 시설
(발사체 종합 조립동)
우주 발사체를 조립해
완성하는 곳.

**발사체 추진 기관
시험 설비**
우리 기술로 만든 엔진을
직접 시험하는 곳.

출발

발사대
우주 발사체를
우주로 발사하는 곳.

나로 우주 센터

제주 추적소
제주도에 설치된 레이더 추적소.
2단계 추적소.

팔라우 추적소
남태평양 팔라우섬에 설치된 레이더 추적소.
3단계 추적소.

우주 과학관
(우주 교육 홍보관)
어린이와 청소년을 위한 우주 체험 교실.

발사 통제동
우주 발사체의 발사 준비부터 비행까지 모두 지휘하고 통제하는 곳.

추적 레이더동
레이더 신호를 이용해 우주 발사체의 위치를 추적하는 곳. 1단계 추적소.

기상 관측소
최첨단 장비로 기상을 관찰하는 곳.

나로 우주 센터

우주 발사체를 쏘아 올릴 수 있는 우주 센터가 만들어진 건 아주 오래전의 일이에요. 2001년 1월 30일 '발사장 우주 센터 건립 계획'을 발표했는데 전국에서 무려 11개 지역이 후보에 올랐어요. 선발 조건은 다음과 같았어요.
첫째, 발사가 가능할 만큼 넓은 각도를 확보할 수 있는지?
둘째, 발사장 주변 땅과 하늘길에 안전 구역을 확보할 수 있는지?
셋째, 발사했을 때 다른 나라 하늘을 침범하지 않을 수 있을지?
그 밖에도 여러 조건을 살폈어요. 그렇게 결정된 장소가 전남 고흥군 외나로도였어요. 나로 우주 센터는 2003년 8월에 공사를 시작해서 2009년 6월에 만들어졌어요.

나로 우주 센터에 있는 '발사체 종합 조립동'의 문이 서서히 열리고 있어요. 조립이 완료된 대한민국의 우주 발사체 누리호가 세상에 모습을 드러내는 순간이에요.

이때가 바로, 발사 33시간 전이에요!

아직 발사하려면 33시간이나 남았는데 왜 이렇게 빨리 나왔을까요? 그 이유는 발사대까지 이동해서 세밀한 점검을 해야 하기 때문이에요. 발사대까지는 거북이처럼 느릿느릿하게 이동해야 해요.

차를 타고 나왔지만 이렇게 천천히 가는 데는 이유가 있어요.
누리호 안에는 정교하게 만들어진 약 30만 개의 부품과 인공위성들이 들어 있어요. 이것을 안전하게 옮겨야 해요. 그래서 움직일 때 작은 진동(흔들려 움직이는 것)도 조심해야 해요. 자동차가 덜컹 해서 누리호가 부르르 떨린다면 문제가 생길 수도 있으니까요.
그래서 진동이 없는 차에 태웠어요. 이걸 무진동 차량이라고 해요.
발사대까지는 1.8킬로미터 떨어져 있어요. 덜컹거려도 빠르게 달리면 5분이면 도착할 수 있는 거리지만 앞으로 약 1시간 정도 걸려 천천히, 아주 천천히 갈 거예요.

누리호는 우리나라 최초로 순수하게 우리 기술로만 만들어진 우주 발사체예요.
이전에 러시아와 국제 협력으로 '나로호'라는 이름의 우주 발사체를 만든 적은 있었어요. 하지만 그땐 우리에게 중요한 핵심 기술이 없었어요.
우리 기술로 만든 인공위성이 실려 있었지만, 우주로 가는 로켓은 다른 나라의 도움을 받아 만들어야 했어요.
그러니까 다른 나라의 도움 없이 만들어서 우주로 가는 발사체는 누리호가 처음인 거예요.

나로호

'나로'라는 말은 대한민국 최초의 우주 발사체 'KSLV(Korea Space Launch Vehicle)-I'의 명칭 공모에서 뽑힌 이름이에요. 나로 우주 센터가 있는 외나로도 이름을 따서 만들었어요. 우리 모두의 꿈과 희망을 담아 우주로 뻗어 나가길 바라는 의미를 담고 있어요.

나로호는 2단형 우주 발사체예요. 1단 엔진은 러시아가 개발한 엔진을 사용했고 2단 엔진은 우리나라가 개발한 엔진을 사용했어요. 2009년 1차 발사 실패, 2010년 2차 발사 실패 후 2013년 3차 발사에서 성공했어요.

나로호를 개발하며 쌓은 경험은 누리호를 개발하는 데 큰 도움이 됐어요.

대한민국이 개발한 7톤급 고체 연료 엔진

러시아가 개발한 170톤급 액체 연료 엔진

> 우리나라 최초의 우주 발사체이지만, 러시아와의 기술 협력으로 만들어졌어요.

생생 인터뷰

발사체 종합 조립동은 뭐 하는 곳이에요?

발사체 종합 조립동은 말 그대로 발사체에 필요한 구성품을 모두 모아 우주 발사체를 조립하는 곳이에요. 물론 조립만 하고 끝나는 건 아니에요. 여러 가지 기능 시험과 발사체 최종 점검도 여기서 한답니다.

그래서 이곳은 청정실로 운영되고 있어요. 옷도 제전복이라고 하는 특수 옷과 신발, 장갑을 착용해요. 먼지나 정전기를 막아 주는 역할을 하지요. 조립동에 있는 엄청난 양의 화학류가 정전기와 반응하면 폭발까지 일어날 수 있기 때문이에요.

조립동에서 누리호를 조립하는 시간은 얼마나 걸렸어요?

놀라지 마세요. 모두 조립하는 데 1년 정도 걸렸어요. 작은 실수라도 있어서는 안 되기 때문에 절차에 따라서 꼼꼼하게 확인하면서 하다 보니 오래 걸렸죠.

왜 처음부터 누리호를 세워서 만들지 않고 눕혀서 만들었어요?

조립동과 발사대가 평지로 된 미국과 같은 나라에서는 수직으로 세워서 조립하고 그대로 이동하기도 해요. 하지만 나로 우주 센터는 산지에 지어져서 수직으로 세워서 이동하는 것은 불가능했어요. 누워 있는 누리호를 무진동 차량에 싣고 이동하는 게 최선이었어요.

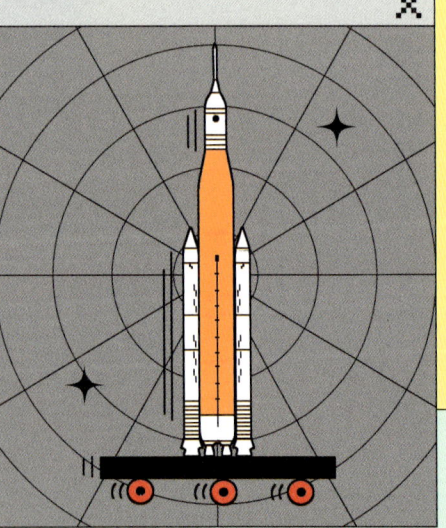

여인석 박사님

무진동 차량은 운전석에 사람이 타고 운전했어요, 아님 자동으로 갔어요?

무진동 차량이라고 알려진 특수 차량의 이름은 '발사체 이송 장치'예요. 발사체 이송 장치는 사람이 운전하는 건 맞지만 일반 자동차처럼 운전석에 타고 운전하진 않아요. 오랜 기간 경험을 쌓아 능숙한 기술자 4명이 한 조가 되어 발사체와 함께 걸어가며 운전했어요. 그중 1명은 리모트 컨트롤러로 조종하고, 나머지 3명은 앞뒤, 양옆까지 꼼꼼하게 살피는 역할을 했어요.

만약 누리호가 발사대까지 이동할 때 진동이 생기면 어떤 문제가 생겨요?

첫 번째로 파손 위험이 있는 건 인공위성이에요. 발사체 안에 들어 있는 인공위성은 작은 진동에도 영향을 받아요. 인공위성은 발사체가 우주까지 모시고 가야 할 손님이니 무엇보다 안전해야겠죠. 누리호 몸체에 있는 수많은 센서나 밸브도 진동에 아주 민감하답니다. 이것들이 고장 나면 발사 운용 중에 발사가 취소될 수 있고 심각한 경우에는 폭발할 수도 있어요.

그럼 무진동 차량이 이동하는 도로에 특수 장치 같은 것도 있어요?

특수 장치까지는 없지만 지형을 고려해서 신경 쓴 부분은 있어요. 조립동에서 발사대까지 평지가 아니기 때문에 직선으로 길을 내지 않고 경사각을 고려해서 구불구불 굽이지게 만들었어요. 또한 무진동 차량이 굽이진 길을 돌 때 필요한 여유 공간까지 계산해서 도로를 만들었어요.

30:00:00
발사 30시간 전

조립동에서 출발한 대한민국 우주 발사체가 어느새 발사대 앞에 도착했네요.
이제 어떤 일이 벌어질지 상상이 되나요?

발사대는 말 그대로 우주 발사체를 발사하는 장소예요.
나로 우주 센터에는 발사대가 2개 있는데, 제1발사대는 이전에 나로호가 쓰던
곳이에요. 누리호는 그때보다 무려 1.5배 가까이 큰 발사대를 사용해요.

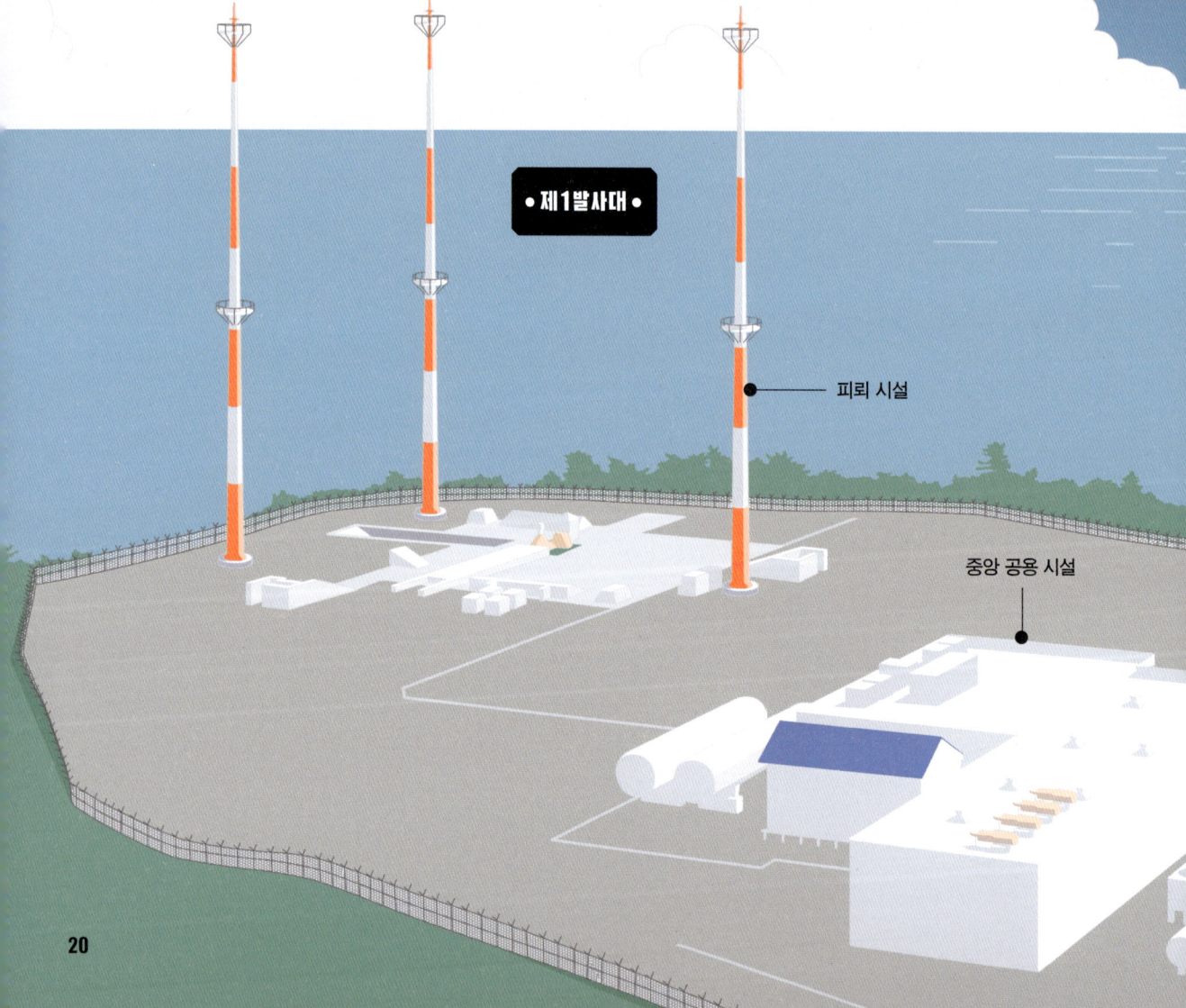

바로 제2발사대예요. 누리호를 우주로 보내기 위해서 특별히 만들어진 발사대랍니다.

발사대가 커진 이유는 우주 발사체가 커졌기 때문이에요. 나로호가 길이 33.5미터, 무게 140톤 규모의 2단형 발사체였는데, 누리호는 그것보다 훨씬 커졌어요. 누리호의 길이는 47.2미터이고 무게는 200톤 규모의 3단형 발사체예요.

제2발사대 지하에는 52개의 방으로 이루어진 지하 3층 규모의 시설이 있어요. 보이지 않는 곳에서 누리호 발사를 위해 발사 시스템을 점검하고 관리하는 곳이에요. 또한 연료, 산화제, 고압가스를 저장해 두었다 공급하지요.

땅 위에는 큰 빌딩처럼 우뚝 서 있는 시설이 있어요. 이건 '엄빌리칼 타워(umbilical tower)'라고 불러요. 엄빌리칼 타워는 정말 중요한 역할을 해 줘요.

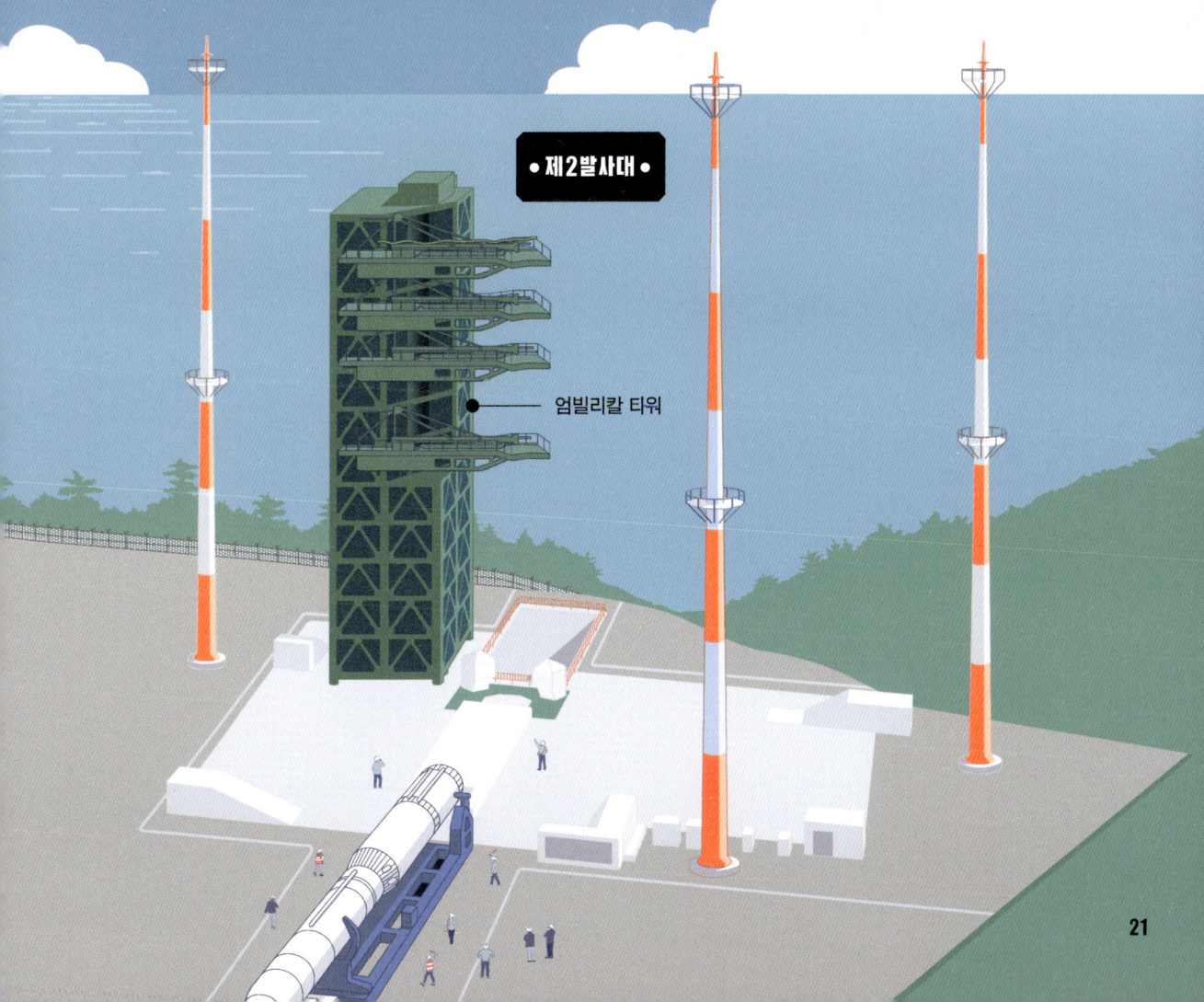

• 제2발사대 •

엄빌리칼 타워

이제 누워 있던 누리호를 서서히 일으켜야 해요. 엄빌리칼 타워 바로 옆에 세워야 하거든요.

누리호는 아파트로 치면 무려 15층 높이예요. 어마어마하게 높지요?

만약 15층짜리 아파트를 일으켜 세운다면 얼마나 힘이 들까요? 너무 무거워서 웬만한 장비로는 세우기도 힘들 것 같아요. 그래도 다행인 건 누리호에 아직 연료를 넣지 않아 연료 탱크가 텅 비어 있다는 거예요. 그나마 가볍게 올릴 수가 있어요.

누리호가 발사대 옆에서 몸을 일으키기 시작했어요. 이렉터(기립 장치)가 안전하게 누리호를 세워 줬지요.

똑바로 선 누리호는 혹시 다시 쓰러질까 봐 누군가 잡아 줘야 해요. 그래서 필요한 것이 바로 '지상 고정 장치'예요. 지상 고정 장치는 발사대 바닥에서 4개의 고리를 이용해 누리호를 꽉 잡고 있어요. 그러다 발사 직전에 엔진이 정상 작동하면 부드럽게 누리호를 놓아주어요.

지상 고정 장치는 누리호 1단의 300톤급 추력(물체를 운동 방향으로 밀어붙이는 힘)을 견뎌야 해서 정말 튼튼해야 해요.

발사까지 앞으로 몇 시간이 남았다고 했죠? 맞아요! 아직도 하루가 더 남았어요. 앞으로도 중요한 일이 너무너무 많거든요.

지상 고정 장치

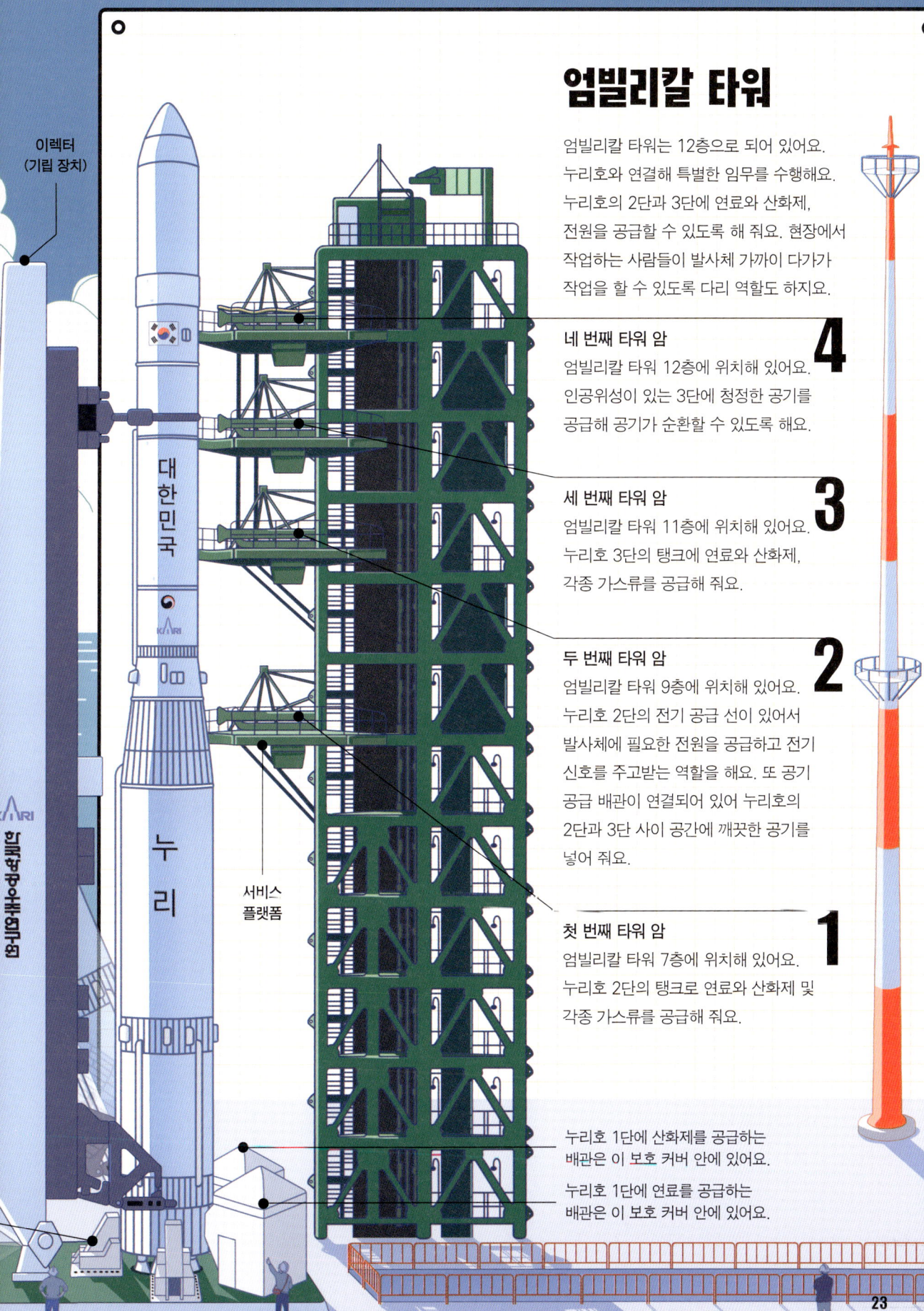

28:00:00
발사 28시간 전

이제부터는 누리호에 탯줄을 연결할 거예요.
아기가 엄마 배 속에서 건강하게 자라려면 엄마와 탯줄로 연결되어야
해요. 그래야 엄마가 보내 주는 영양분을 먹고 쑥쑥 자랄 수
있거든요.
우주 발사체에도 탯줄이 있어요. 누리호의 배를 채워 주기 위해서는
엄빌리칼 타워와 탯줄로 연결해야 해요. 그래야 누리호가 우주까지
날아갈 수 있게 연료와 가스를 채우고 전기를 충전할 수 있어요.
지금부터 누리호에 연료를 안전하게 공급할 수 있을지 탯줄을 통해
점검할 거예요. 또 누리호 상태가 모두 정상인지 확인해야 해요.
이 탯줄의 이름은 '엄빌리칼 케이블'이라고 불러요.

누리호의 연료는 액체예요. 자동차에 기름을 넣어야 나갈 수 있는 것처럼 누리호에도 기름을 가득 채워야 해요. 이 기름은 등유 계열의 '케로신'이라는 물질이에요. 이건 불에 훨훨 타야 힘이 생겨요.
불을 일으키려면 산소가 필요한데, 우주에는 산소가 없다는 게 문제예요. 그래서 산소를 대신할 수 있는 물질도 만들어서 넣어 줘야 해요. 이것을 '산화제(액체 산소)'라고 불러요.

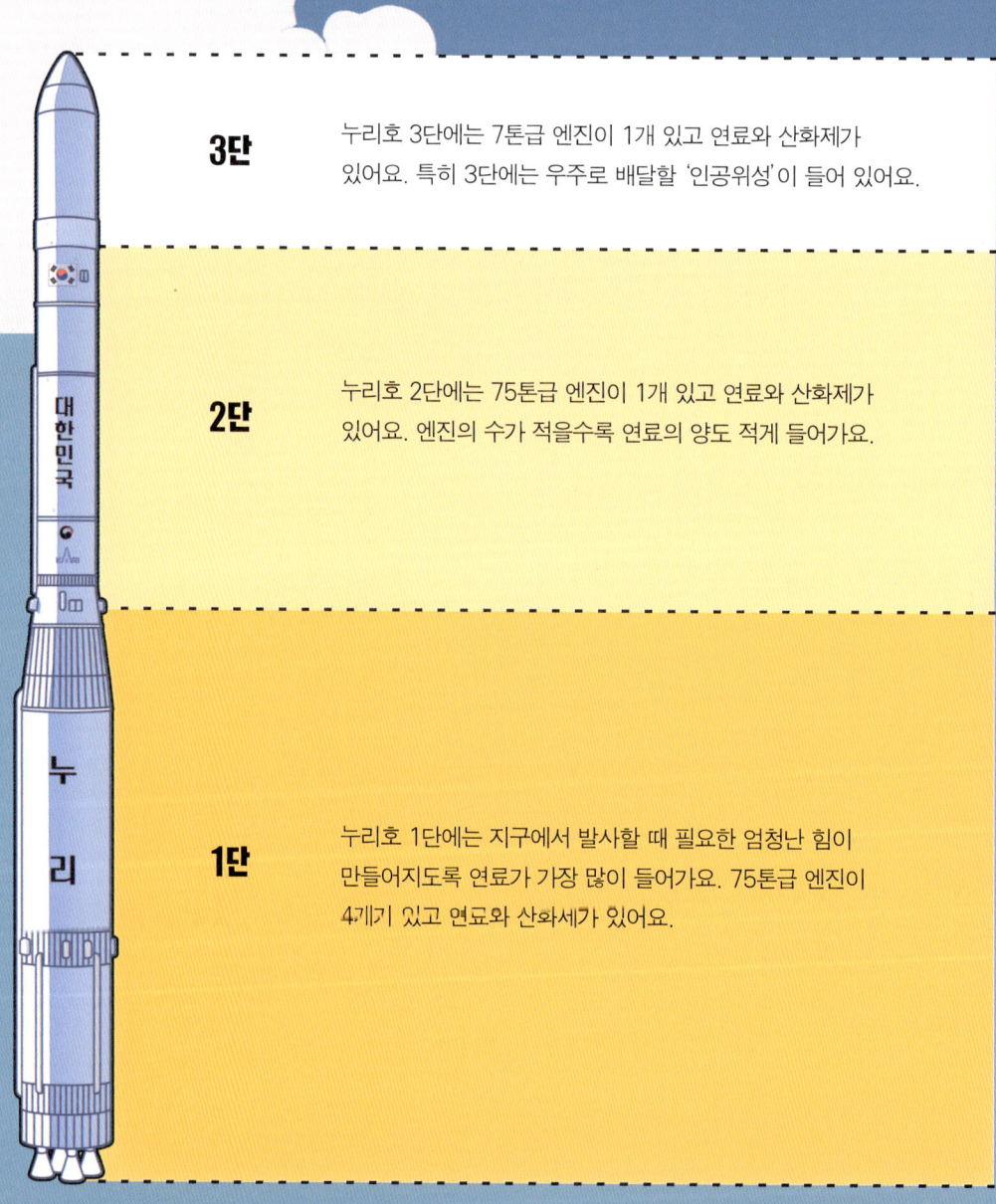

3단 누리호 3단에는 7톤급 엔진이 1개 있고 연료와 산화제가 있어요. 특히 3단에는 우주로 배달할 '인공위성'이 들어 있어요.

2단 누리호 2단에는 75톤급 엔진이 1개 있고 연료와 산화제가 있어요. 엔진의 수가 적을수록 연료의 양도 적게 들어가요.

1단 누리호 1단에는 지구에서 발사할 때 필요한 엄청난 힘이 만들어지도록 연료가 가장 많이 들어가요. 75톤급 엔진이 4기기 있고 연료와 산화세가 있어요.

왜 산소를 액체로 만드냐고요? 기체 상태인 산소는 부피가 너무 크기 때문에 액체 상태로 만들어 부피를 줄이는 거지요.

누리호 안에는 연료 탱크와 산화제 탱크가 모두 있어요. 연료와 산화제가 연소실에 도착하면 불이 붙고, 높은 온도의 가스가 폭발적으로 나와요. 이때 가스가 땅 쪽으로 힘차게 빠져나가면서 누리호가 하늘로 날아가는 거예요. 이게 우주 발사체의 원리예요.

고체 연료 VS 액체 연료

액체 연료는 힘이 좋아서 로켓을 우주 멀리 보낼 때 사용해요. 하지만 발사 시간에 꼭 맞춰 넣어야 한다는 어려움이 있어요.
반면 고체 연료는 구조가 간단하고 연료도 미리 채워 놓을 수 있어서 아무 때나 쓸 수 있다는 장점이 있어요. 하지만 액체 연료 로켓보다 힘이 약해서 비교적 지구에서 가까운 곳에 소형 위성을 보낼 때 주로 써요.
누리호의 크기나 비행 거리 등을 생각하면 액체 연료가 적합했던 거지요.

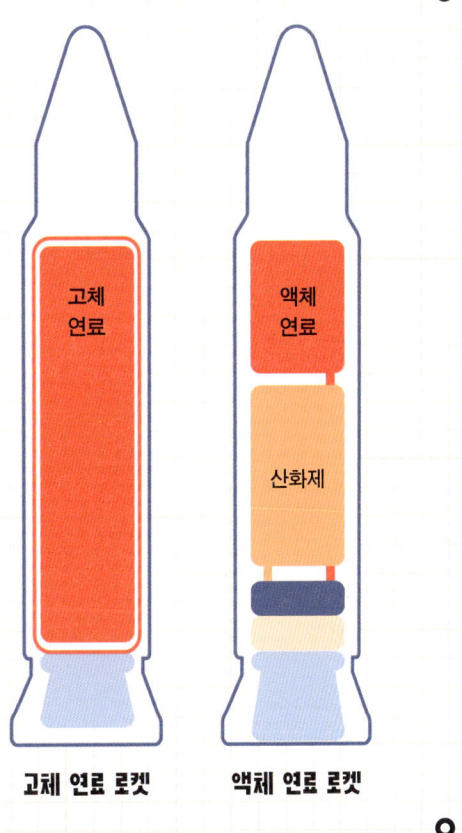

고체 연료 로켓   액체 연료 로켓

지난밤 누리호는 서서 잠이 들었어요. 엄빌리칼 케이블을 연결하고 이상이 없는지 확인하면서 밤이 지난 거예요.
물론 누리호 혼자서 확인한 건 아니에요. 누리호가 점검할 수 있도록 도와준 사람이 정말 많았어요.
비라도 내리면 어쩌나, 바람이 불지는 않나, 번개가 내리치지는 않을까, 날씨를 확인하느라 잠을 자지 못한 사람도 많았어요. 연구원들은 누리호의 상태가 어떤지 계속해서 점검하면서 밤을 보냈어요.

생생 인터뷰

누리호는 왜 지상 고정 장치로 잡아 둬야 해요? 혼자서는 못 서 있어요?

그건 나로 우주 센터가 있는 외나로도의 기상 조건 때문이에요. 외나로도는 바람이 무척 강한 지역이라서 누리호가 혼자 서 있기 힘들어요. 그렇다고 아예 고정해 버리면 하늘로 날아갈 수 없으니 발사하기 직전까지만 흔들림 없이 잡아 줄 장치가 필요했던 거죠. 지상 고정 장치와 누리호의 위치는 1밀리미터의 오차도 없어야 해서 자리 잡는 데만 20분이 넘게 걸린답니다.

엄빌리칼 타워에 엄빌리칼 케이블을 연결할 때 사람이 직접 했어요?

네, 사람이 직접 연결했어요. 엄빌리칼 타워에는 서비스 플랫폼이라고 부르는 누리호와 엄빌리칼 타워 사이 연결 다리가 있어요. 서비스 플랫폼이 설치된 상태에서 사람이 직접 그 위로 걸어 나가서 작업했지요. 문제는 바람이 강하지 않아도 서비스 플랫폼 끝이 약간씩 흔들리기 때문에 위험하다는 거예요. 그래서 반드시 안전벨트를 착용하고 안전 고리를 고정된 곳에 걸고 작업했어요.

엄빌리칼 타워는 누리호만큼이나 높으니까 당연히 엘리베이터가 있지요?

그럼요. 엘리베이터가 있어요. 무거운 장비들을 가지고 높은 곳까지 올라가는 경우가 많아서 걸어가기 힘들거든요. 하지만 엘리베이터가 외부에 있으니 바닷바람이나 비 때문에 고장 날 때도 있었어요. 그럴 때는 어쩔 수 없이 헉헉거리며 걸어서 올라가야 했어요. 여러 번 오르내릴 때는 정말 다리가 풀리고 힘들었지요.

여인석 박사님

누리호는 아파트 15층 높이라고 했죠? 왜 이렇게 크게 만들어야 해요?

조남경 박사님

누리호의 임무는 정해진 곳에 인공위성을 초속 8킬로미터로 가져다 놓는 것이지요. 초속 8킬로미터는 서울에서 부산까지 1분 안에 도착하는 속도예요. 이렇게 빠른 속도를 내기 위해서는 충분한 연료와 산화제가 필요해요. 연료와 산화제를 다 담아야 하기 때문에 누리호가 큰 것이지요.

누리호만 쓰는 특별한 전용 연료가 있어요?

안타깝게도 누리호는 전용 연료를 쓰지 않았어요. 비행기에 사용되는 항공유인 케로신을 연료로 사용했지요. 로켓용 연료를 별도로 만드는 나라도 있는데 누리호 개발 당시에는 예산과 시간이 부족해서 만들지 못했어요. 하지만 누리호 이후에 새로 개발하는 발사체에는 우리나라에서 만든 케로신 중에 성능이 우수하고 로켓 엔진에 적합한 연료를 발굴해 사용할 거예요.

남창호 박사님

누리호에 들어가는 액체 연료의 양은 얼마나 돼요? 소방차에 들어가는 물보다 더 많아요?

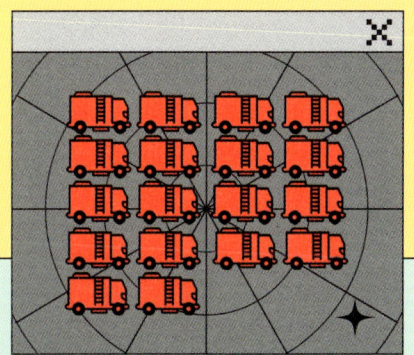

산화제의 양은 3단까지 모두 합하면 약 11만 2000리터이고, 연료의 양은 약 7만 리터나 돼요. 2개를 합하면 18만 리터가 넘겠죠. 대형 소방차 물탱크의 용량은 1대에 1만 리터니까, 소방차 18대에 들어가는 어마어마한 양이에요.

10:00:00
발사 10시간 전

드디어 아침이 되었어요. 이제부턴 정신없이 바빠질 거예요. 누리호가 안전하게 우주로 갈 수 있도록 주변 정리를 해야 하거든요.

만약 길거리에서 누군가 퍼레이드를 해야 한다면 다른 사람들이 다치지 않게 자동차를 멈추게 할 거예요. 누리호를 발사할 때도 마찬가지예요. 하늘길을 정리해야 하고 바닷길도 챙겨야 해요.

누리호가 날아갈 하늘에 다른 비행기가 나타나지 않도록 비행을 금지한다는 소식을 알려야 해요. 우리나라 공군 전투기는 비행하면서 하늘길에 문제가 없는지 계속해서 살펴요.

기상 환경을 점검하기 위해 헬륨 풍선도 띄워요.

또 소방 헬기와 구급차도 미리 와서 함께 있어요. 누리호를 발사하면서 불이 날 수도 있고 누군가 다칠 수도 있으니까요. 모든 준비를 철저히 하는 거예요.

발사대 근처에는 아무나 들어갈 수 없어요. 발사대를 중심으로 3킬로미터 안쪽으로는 사람도, 차도 들어갈 수 없어요. 물론 배를 띄우는 것도 안 돼요. 위험할 수 있으니 모두 조심해야 해요.

날씨 이상 없음!

발사 시스템 이상 없음!

대피 완료!

누리호가 우주로 날아가는 걸 보고 싶다면 전망대로 가야 해요. 고흥 우주 발사 전망대는 누리호를 발사하는 장면을 안전하게 볼 수 있도록 만들어졌어요. 전망대는 발사대와 무려 16킬로미터나 떨어져 있어요. 시야를 가리는 게 아무것도 없어서 날씨만 좋으면 발사 장면을 다 볼 수 있어요.
어떤 사람들은 전남 고흥이나 여수 근처 바닷가에서 관람할 준비를 해요.

|0|2|:|0|0|:|0|0|
발사 2시간 전

주변 정리가 다 끝났어요.
시간을 보니, **와! 누리호 발사 2시간 전이 됐어요.**
드디어 엄빌리칼 케이블을 통해 준비해 둔 연료와 산화제가
들어갈 시간이 됐네요. 산화제는 기화(액체가 기체로 변하는 현상)할
수 있고, 연료는 미리 주입하면 폭발할 위험이 있어서 발사하는
그날에 넣어야 해요. 모두 넣는 데에는 약 1시간 30분이 걸리지요.
영하 183도인 산화제는 다루기가 아주 까다로워요. 모두 주입한
뒤에도 계속 기화되어 사라지기 때문에 계속 보충해 주어야
해요. 산화제를 안전하게 넣기 위해 발사 4시간 전부터
산화제 배관과 탱크를 미리 시원하게 냉각해 두었어요.

연료를 모두 채우고 나면 처음 누리호를 일으켜 주었던 이렉터를 떼어 내요. 이렉터를 분리했다는 건 본격적으로 발사 준비에 돌입했다는 뜻이에요.

발사 10분 전부터는 사람이 나서지 않아요. 이상은 없는지 누리호가 스스로 점검할 거예요. 누리호 PLO(피엘오, 발사 전 자동 운용)가 작동된다는 거죠.
PLO가 일단 시작되면 사람이 멈추게 할 수도 없어요. 사람들은 지켜만 볼 수 있어요. 이상이 있다는 걸 알게 되면 시스템이 스스로 작동을 멈추거든요.
혹시나 PLO가 작동되고 나서 발사가 되지 않더라도 실망할 필요는 없어요. 예정대로 발사하지 못한 건 아쉬운 일이지만, 완벽하게 발사하기 위해서는 얼마든지 미룰 수 있어요. 우주 개발 선진국에서도 늘 있는 일이지요.
PLO 작동 시 문제를 발견해 자동으로 발사 준비를 멈추면 사람들이 나서서 원인을 파악해요.
문제를 해결하고 다시 안전하게 발사할 수 있도록 고치는 거예요.

이렉터

생생 인터뷰

누리호 발사 10시간쯤 전에 반경 3킬로미터 안으로 진입이 금지됐잖아요. 그런데 왜 3킬로미터였어요? 너무 넓은 거 아니에요?

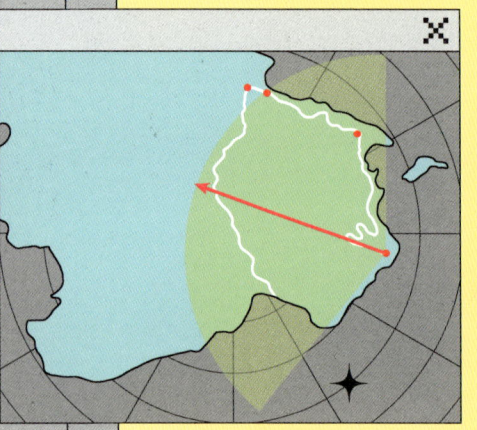

정말 최악의 경우를 생각해야 해요. 혹시라도 누리호가 발사대에서 폭발하기라도 한다면 다치는 사람이 없어야 하잖아요. 누리호엔 산화제와 연료가 아주 많이 있으니 문제가 생기면 위험해요. 그래서 누리호가 폭발할 경우 불이 번질 수 있는 거리(화염반경)를 계산해서 3킬로미터로 정한 거예요.

백승환 박사님

엄빌리칼 타워의 각 단마다 연료를 따로 넣어야 한다는데, 그럼 연료 구멍도 단마다 따로 있나요?

맞아요. 각 단마다 연료와 산화제를 별도로 넣어 줘요. 당연히 공급하는 배관도 따로 있고요. 1단, 2단, 3단에 각각 산화제 탱크와 연료 탱크가 하나씩 있으니 모두 6개나 되는 구멍이 있는 거예요.

남창호 박사님

발사하는 날 가장 마지막까지 점검하는 건 뭐예요?

날씨예요. 날씨가 누리호 발사에 영향을 미칠 수 있는 가장 큰 변수거든요. 특히 바람이 세게 불면 발사가 취소될 수도 있어서 발사 직전까지 세심하게 점검해요. 이때는 날씨 전문가들이 총동원돼요. 기상청 예보관, 공군 조종사, 기상 전문가들이 충분히 검토하여 발사를 결정해요.

조남경 박사님

그럼 날씨는 어떻게 측정해요?

여러 방법이 있는데, 그중 여러분은 기상 관측용 풍선을 흥미로워하겠네요. 커다란 풍선에 기상 관측 센서와 낙하산을 매달아 하늘 높이 띄우면 센서가 기상 데이터를 수집해서 컴퓨터로 전송해요. 그리고 아주 높은 고도까지 올라가면 풍선은 압력 때문에 터지고 센서는 낙하산을 이용해 안전하게 땅으로 내려와요. 이 장비를 이용해서 발사대 주변에 번개를 머금고 있는 구름이 있는지 반드시 확인해요.

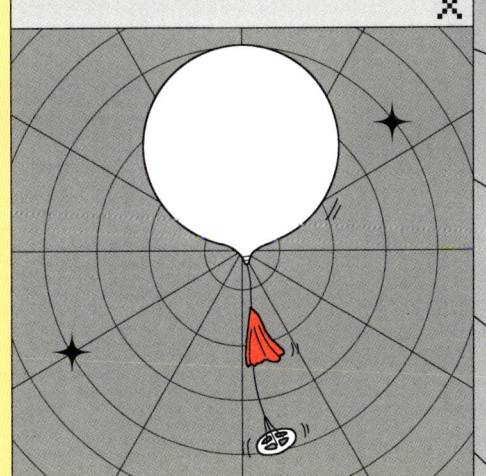

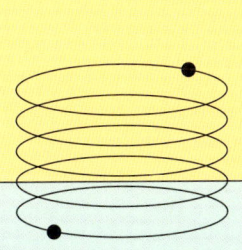

00:00:05
발사 5초 전

숨 막히는 시간이 다가왔어요.
이젠 진짜 예정된 발사 시간이 얼마 남지 않았어요.

누리호는 최종 점검을 끝내고 이륙 3초 전에 스스로 불을 붙여요. 1단에 있던 연료와 산화제가 만나 불이 붙는 거예요. 그러고 나면 엔진에서 엄청나게 큰 힘이 생겨요.

누리호는 스스로 엔진의 힘을 확인해요. 목표했던 힘이 나오는 걸 확인하면 누리호를 붙잡고 있던 지상 고정 장치가 풀려요. 엄빌리칼 접속 장치를 이용해 엄빌리칼 케이블도 자동으로 분리돼요. 이때가 바로 이륙 순간이에요.

누리호
발사 5초 전!

발사!

퓨오오오웅!!

누리호가 하늘로 솟아오르자 바닥에서 하얀 연기가 뿜어져 나왔어요!
누리호 엔진이 뿜어내는 연기냐고요? 아니에요. 누리호 엔진에서는 발사할 때
어마어마하게 센 불꽃이 나오는데 그 화염은 무려 3300도나 돼요. 이때 뜨거운
불꽃이 지나가도록 만들어진 통로에 물을 뿌려 주는 거죠. 무려 50톤이나
되는 물을 30초 안에 뿌려야 해요! 이 물이 불꽃과 만나서 거대한 수증기를
만들어 내는 거고요. 하지만 겁내지 않아도 돼요. 이 모든 건 발사대와 누리호를
보호하기 위한 안전장치 중 하나니까요.

누리호가 하늘로 날아가기 시작했어요.

"와!"

발사 장면을 보던 사람들은 손뼉 치며 환호했어요.

하지만 연구원들은 아무 말도 하지 못해요. 누리호가 정상적으로 비행하는지 확인하기 위해 화면만 보고 있어요. 누리호가 목표한 곳으로 날아올라 인공위성을 내려놓을 때까지 긴장을 멈출 수가 없거든요.

사람들은 하늘 위로 날아오른 누리호에서 눈을 떼지 못했어요.
보이지 않을 때까지 누리호가 뿜어내는 불꽃을 보았어요.
그런데 이제 더 이상 눈에 보이지 않아요. 너무 높이 올라가 버렸기 때문이에요.

누리호의 심장, 엔진

누리호의 1단과 2단에는 75톤급 액체 연료 엔진이 사용돼요. '75톤급'이라는 말은 75톤 정도의 무게를 들어 올릴 수 있다는 뜻이에요. 이걸 75톤급 추력 엔진이라고 불러요. 3단으로 만들어진 누리호는 각 단마다 엔진 추력이 다른데 1단에는 75톤급 엔진 4개를 묶어서 사용해요. 75톤급 4개가 모이면 약 300톤급이 되는 거예요.
여러 개의 엔진을 묶어 하나의 엔진처럼 움직이게 하는 방법을 '클러스터링'이라고 불러요. 클러스터링 기술은 우주 발사체 핵심 기술 중 하나예요.
300톤급 엔진을 하나 쓰는 것보다 75톤급 엔진 4개를 쓰는 이유는 활용하기 좋기 때문이에요.
누리호의 75톤급 엔진은 2008년도부터 개발하기 시작했어요. 하지만 그때만 해도 우리나라에는 누리호 엔진과 같이 높은 추력을 내는 엔진을 시험해 볼 설비가 없었어요. 엔진을 연구하는 것도 중요하지만, 엔진의 성능과 기능을 시험할 수 있는 기술도 꼭 필요했어요. 그래서 우리나라는 나로 우주 센터에 누리호 엔진을 시험할 수 있는 다양한 설비를 만들기 시작했어요. 힘든 시간이었지만 그 과정에서 액체 연료 엔진을 만들 수 있는 기술과 시험할 수 있는 능력을 모두 갖춘 나라가 된 거예요.

누리호 1단에 실린 엔진

75톤급 엔진 4개를 하나로 묶은 모습이에요.

발사 125초 후

1단 분리 성공! 고도 62km

1단 분리에 성공해서 누리호 2단에 있던 엔진에 불이 붙었어요. 이번엔 75톤급 엔진 1개를 사용해요. 누리호가 처음보다 가벼워졌고, 우주에선 공기 마찰도 줄어들었기 때문에 1단이 붙어 있을 때보다 속도가 좀 더 높아졌어요.

페어링 분리 성공! 고도 202km

발사한 지 227초가 되었을 때 누리호 맨 위에 있던 위성 보호 덮개를 떼어 냈어요. 이 덮개를 '페어링'이라고 불러요.

우주를 향해 날아오른 누리호가 맨 밑에 있던 1단을 떨어뜨렸어요.
그 안에 있던 연료를 모두 사용했기 때문에 자동으로 떨어지는 거예요.
그리고 차례로 위성 보호 덮개를 떼어 내고, 2단을 떨어뜨렸어요.

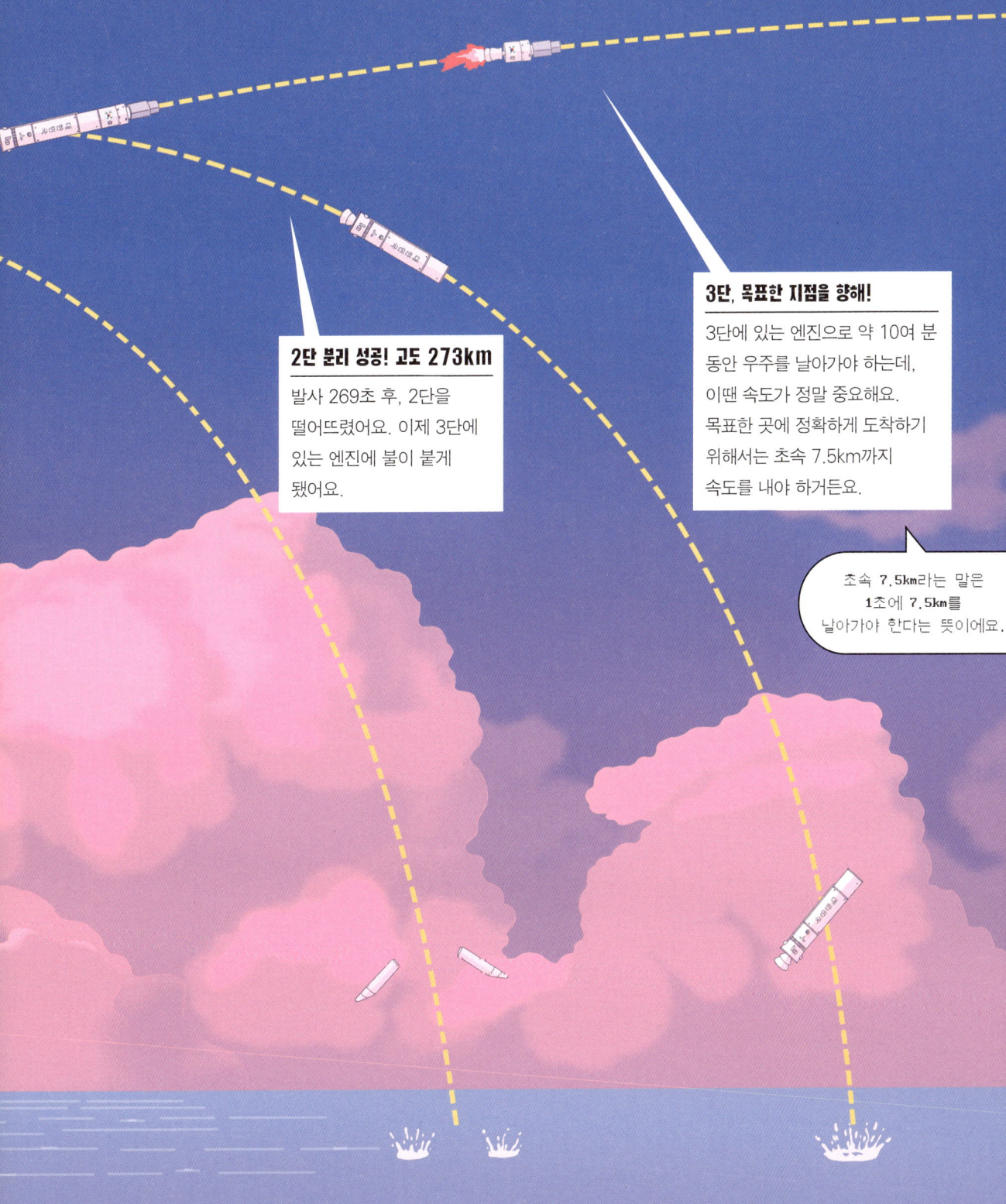

2단 분리 성공! 고도 273km
발사 269초 후, 2단을 떨어뜨렸어요. 이제 3단에 있는 엔진에 불이 붙게 됐어요.

3단, 목표한 지점을 향해!
3단에 있는 엔진으로 약 10여 분 동안 우주를 날아가야 하는데, 이땐 속도가 정말 중요해요. 목표한 곳에 정확하게 도착하기 위해서는 초속 7.5km까지 속도를 내야 하거든요.

초속 7.5km라는 말은 1초에 7.5km를 날아가야 한다는 뜻이에요.

누리호에서 떨어진 부분들은 정확하게 바다로 떨어져야 해요. 잘못해서 땅으로 떨어졌다가 누군가 다치기라도 하면 안 되잖아요. 누리호 각 단과 위성 보호 덮개는 정확하게 바다로 떨어지도록 처음부터 계획되었어요.

"궤도 진입 성공."
누리호가 계획대로 궤도에 진입했다고 알려 주네요.
누리호가 계획했던 궤도까지 잘 도착하는 건 정말 중요해요. 그래야 가지고 갔던 인공위성을 정확한 곳에 내보낼 수 있거든요.
여기서 궤도라는 말은 어떤 물체가 힘의 작용 때문에 다른 물체 주위를 도는 운동 경로예요. 달이 지구 주변을 돌듯이 모든 인공위성도 각각 정해진 궤도에 따라 지구 주변을 돌고 있어요.

페어링

페어링은 위성을 보호하는 덮개예요.
우주 발사체의 가장 중요한 임무는 인공위성을 우주로 가져가 원하는 위치에 놓는 일이기 때문에, 인공위성을 안전하게 지켜야 해요.
우주 발사체 맨 앞에 있는 인공위성이 지구를 빠져나갈 때 고압(높은 압력)과 고열(높은 열)로 문제가 생기지 않도록 지켜 주는 게 페어링이에요.
페어링은 공기 저항(움직이는 물체가 공기의 방해를 받는 것)이 충분히 없어지고 나서 떨어뜨려야 해요.
정해진 때에 분리되지 않으면 그 무게 때문에 발사체의 비행 속도와 방향이 바뀌어 인공위성을 정해진 궤도에 놓지 못해요.

- 페어링
- 인공위성
- 산화제 탱크
- 연료 탱크
- 엔진

"땅에서 하늘로 얼마나 올라가야 우주가 나오나요?"
이런 질문이 생겼다면 답을 해 줄게요. 놀랍게도 우리가 사는 지구도 이미 우주 안에 있어요. 그런데 왜 우주와 지구는 다른 모습일까요.
그건 지구를 지켜 주는 보호막인 대기권 때문이에요. 대기권은 지구를 싸고 있는 공기층이에요. 하늘 위로 아주 많이 올라가면 지구의 보호막을 벗어나게 돼요. 그러면 우리가 보는 파란 하늘과 흰 구름도 사라지고 숨쉬기도 어렵고 캄캄해지는 거예요. 그때 우리는 진짜 우주를 만나게 돼요.

대기권

대기권은 땅에서 1000km까지를 이르는데,
다시 4개의 층으로 나눌 수 있어요.

열권 고도 약 80km~1000km
오로라, 유성(별)이 나타나는 층이에요.
올라갈수록 다시 더워져요. 열권에 국제 우주 정거장이 있고
(고도 약 400km), 누리호가 내보낸 인공위성이 있어요(고도 약 700km).

중간권 성층권 경계면~고도 약 80km
우리가 생각했던 캄캄한 우주의 모습이 나와요.
올라갈수록 다시 추워져요.

성층권 대류권 경계면~고도 약 50km
태양에서 쏟아지는 에너지 자외선을 흡수하는
층이에요. 올라갈수록 더워져요.

대류권 지표면~고도 약 11km
구름, 비, 눈 등의 기상 현상이 일어나는 층이에요.
올라갈수록 추워져요.

지구

생생 인터뷰

누리호는 75톤급 엔진 4개를
강철 끈 같은 걸로 묶어서 쓰는 건가요?

'묶는다'는 말은 이해를 위해 쉽게 표현한 건데 엉뚱한 상상을 할 수도 있겠어요. 엔진 4개를 하나처럼 사용하기 위해 같은 높이에 같은 간격으로 엔진을 배치한 뒤 조립하는 거죠.

엔진이 커지면 더 큰 로켓을 쏘아 올릴 수 있어요?
크면 더 좋은 엔진이에요?

더 크고 무거운 로켓으로 비행하기 위해 꼭 더 큰 엔진을 달 필요는 없어요. 지금의 엔진을 더 여러 개 합쳐서 사용하는 방법도 있어요. 엔진을 여러 개 사용하면 새로운 엔진을 개발해야 하는 수고를 덜 수 있잖아요. 하지만 엔진을 너무 많이 달면 로켓이 더 무거워지는 단점도 있어요. 그러니 무조건 큰 엔진이 좋은 엔진이라고 말할 순 없어요.

남창호 박사님

누리호를 발사하고 나서 엄빌리칼 타워는 안 무너졌어요?

그럼요. 엄빌리칼 타워는 다음 우주 발사체를 발사할 때에 다시 써야 하기 때문에 아주 튼튼하게 만들었답니다. 엄빌리칼 타워 또한 모두 우리나라 기술로 개발했어요. 발사 직전까지 안정적으로 연료를 공급하는 시스템은 물론이고, 누리호 엔진에서 뿜어져 나오는 고온 고압의 바람을 안정적으로 배출하는 기술까지 모두요.

 누리호가 분리될 때 2, 3단 엔진에는 저절로 불이 붙는 거예요?

누리호 1단, 2단, 3단에 모두 컴퓨터가 설치되어 있어요. 이 컴퓨터가 연료를 다 썼다고 신호를 보내면 1단 분리를 하고, 1단 분리가 성공했다고 또 신호를 받으면 정해진 시간에 2단 엔진에 불을 붙여요. 3단 엔진도 마찬가지죠. 2단 분리가 되면 자동으로 3단 엔진에 불이 붙도록 컴퓨터가 자동으로 밸브들을 조절하는 거예요.

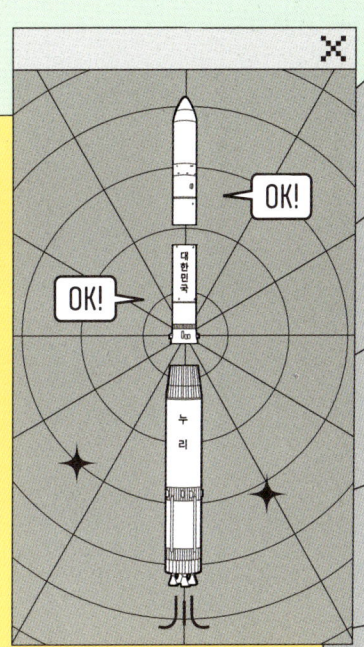

분리된 단과 위성 보호 덮개가 떨어지는 구역은 다른 나라에 미리 알렸어요?

국제기구를 통해 단이나 위성 보호 덮개가 떨어지는 구역은 위험 지역으로 선언됐어요. 그 안으로 배들이 들어가지 못하도록 막아 뒀지요. 그래서 지구에 떨어지지만 사람이 다치지는 않을 수 있는 거예요. 어디에 떨어지면 좋을지 낙하지점을 미리 계산해서 미리 모든 계획을 짜 두었어요.

백승환 박사님

바다에 떨어진 단과 위성 보호 덮개를 다시 가져와서 쓰나요?

누리호는 재활용하도록 설계되진 않았어요. 그래서 바다에 떨어진 1단, 위성 보호 덮개, 2단은 다시 가져오지 않았지요. 미국의 유명한 우주 탐사 기업 '스페이스X'에서는 1단과 위성 보호 덮개를 회수할 수 있도록 설계해서 재활용하고 있어요. 우리나라도 2030년까지 개발할 차세대 발사체는 1단과 위성 보호 덮개 등을 재활용할 수 있도록 계획하고 있어요.

발사 875초 후

누리호가 목표 궤도에 도착했어요. 이제 인공위성들을 꺼내야 해요. 가장 먼저 '성능 검증 위성'을 내려놓아요. 그리고 성능 검증 위성은 안에 품고 있던 큐브 위성들을 며칠에 걸쳐 하나씩 순서대로 내보내요. 큐브 위성들은 6개월에서 1년 동안 지구를 살펴보고 미세 먼지를 확인하는 등의 임무를 수행하게 될 거예요.

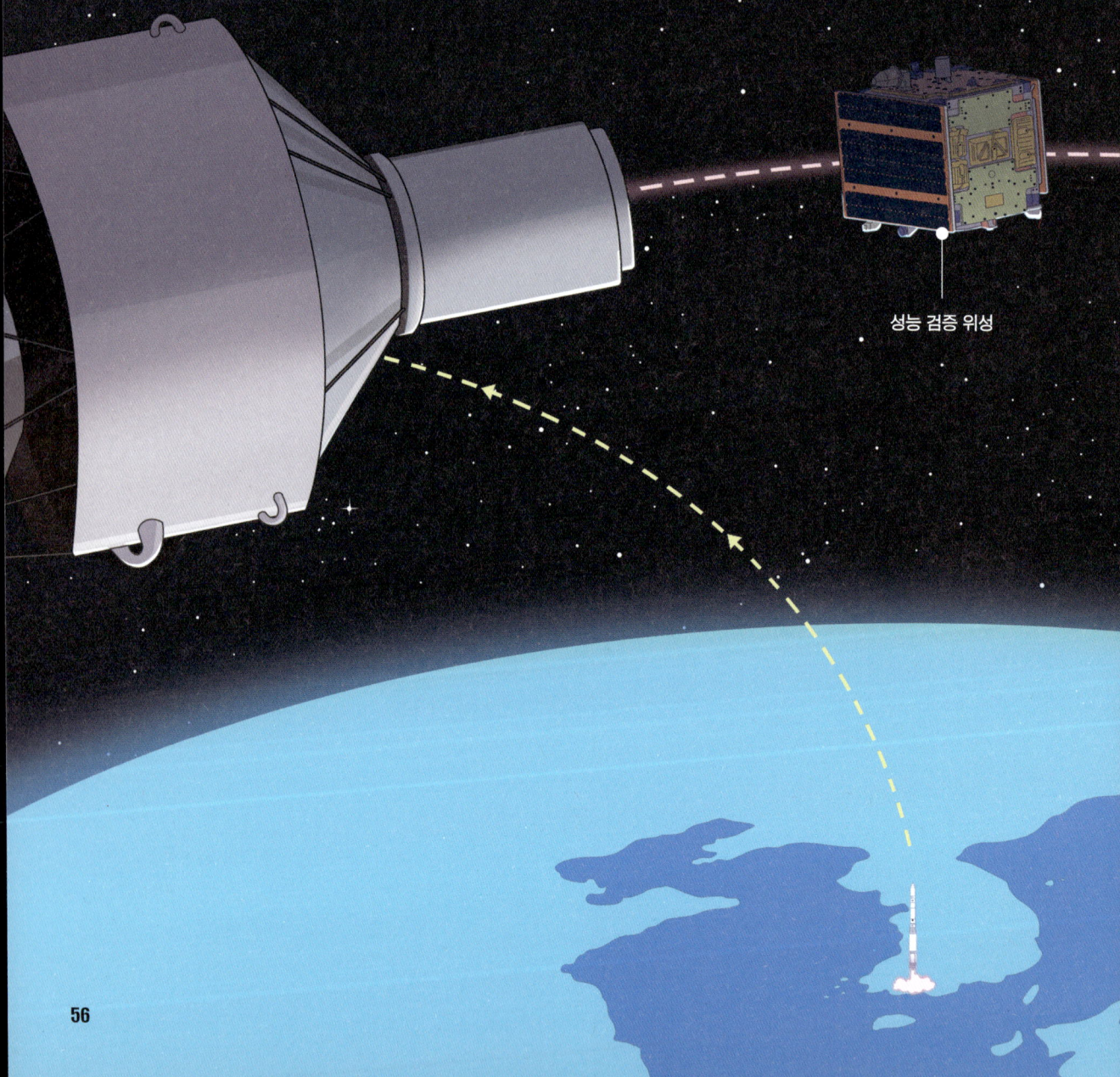

성능 검증 위성

누리호가 성능 검증 위성을 분리하기 위해서 예상했던 비행시간이 있어요. 바로 누리호 발사 후 875초예요. 계획대로 성능 검증 위성을 내려놓기 위해 누리호의 속도를 예측하고 그에 맞게 연료를 채웠던 거예요. 이 시간이 지나면 3단에 있던 엔진은 저절로 꺼져요.
성능 검증 위성까지 내보내면 누리호는 임무를 다한 거지요.

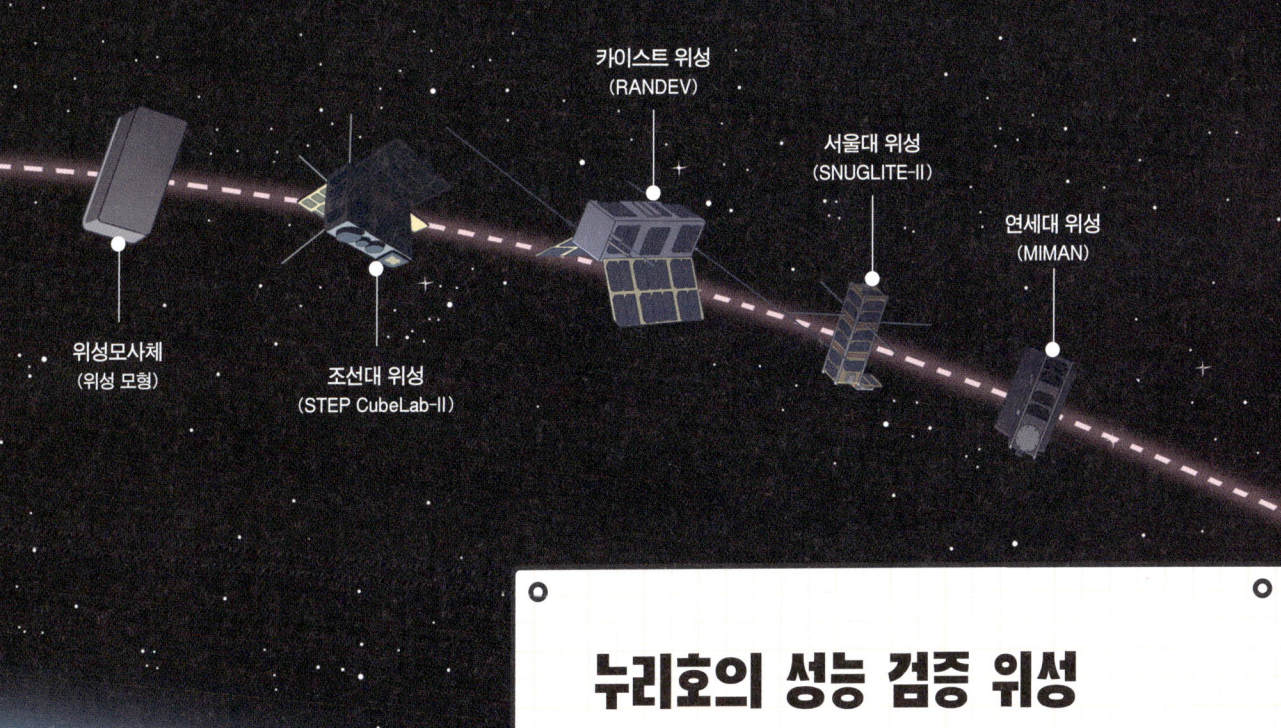

누리호의 성능 검증 위성

무게 162.5킬로그램, 크기는 가로와 세로 각 1미터 이내로 만들어진 실험 위성이에요.
누리호가 원하는 곳에 얼마나 정확하게 위성을 내려놓을 수 있는지를 확인하고, 그동안 개발된 우주 핵심 기술 부품(열을 내는 전지, 안테나 등)을 실험했어요.
성능 검증 위성 안에는 4개의 큐브 위성을 넣었는데, 우리 땅을 살펴보고, 대기를 관찰하거나, 미세 먼지 흐름을 확인하는 다양한 기능이 있어요. 이 위성은 우리나라 대학교(조선대, 카이스트, 서울대, 연세대)에서 만들어서 더 의미가 커요.

성능 검증 위성이 가장 먼저 해야 할 임무는 통신이에요. 서로 연락이 닿아야 해요. 그래야 우리가 원했던 중요한 정보를 얻을 수 있으니까요. 누리호가 우주로 날아간 뒤에 지구에 남아 있던 연구원들은 성능 검증 위성에서 신호가 오길 숨죽이며 기다리고 있었어요. 우주에 남은 성능 검증 위성이 제대로 작동하는지 확인해야 했어요.

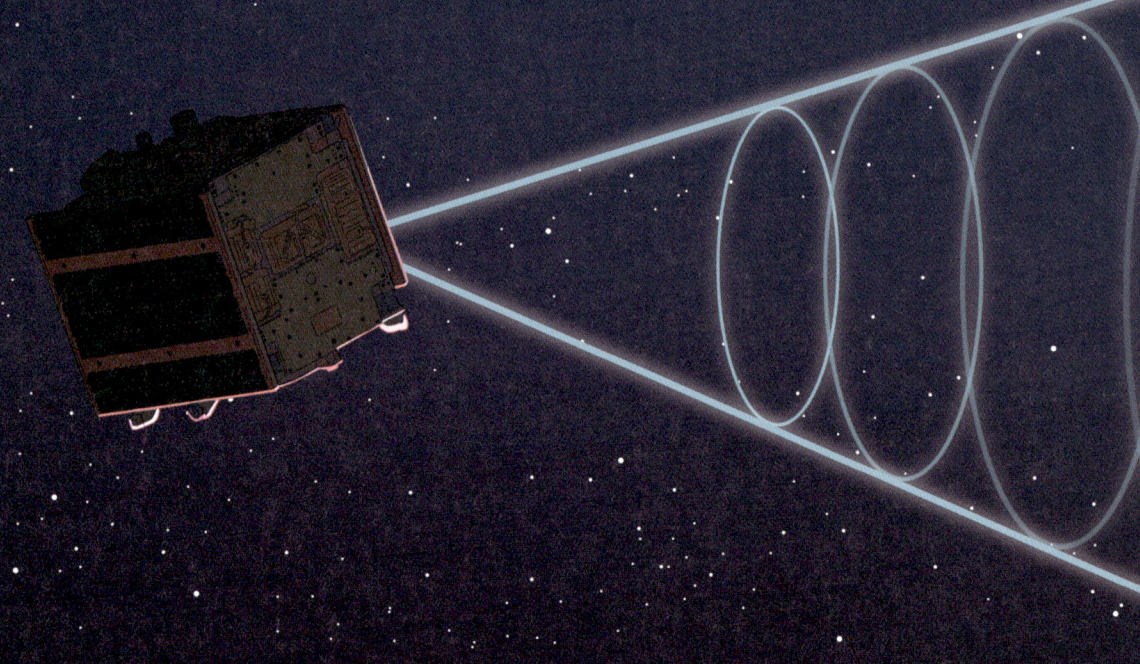

얼마나 시간이 지났을까요? 성능 검증 위성의 신호가 지구에 잡혔어요. 관제실 연구원들은 소리를 지르며 좋아했어요.
2022년 6월 21일, 대한민국은 새로운 역사를 썼어요!
한국형 발사체 누리호가 성공적으로 궤도에 도착해 성능 검증 위성까지 안전하게 내려놓았거든요.

생생 인터뷰

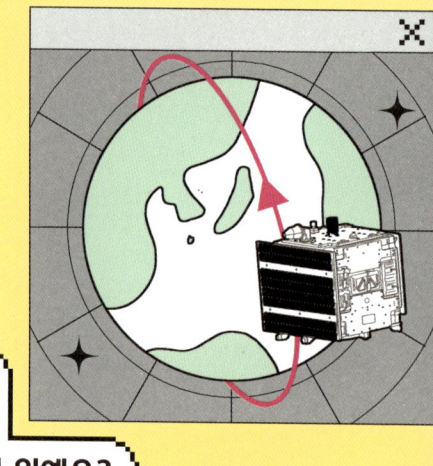

누리호가 가져간 성능 검증 위성이 도착하는 위치는 어디인가요? 우리나라 위예요, 아님 다른 나라 위예요?

누리호의 성능 검증 위성은 우리나라 위를 계속해서 지나가게 설계되었어요. 고도 700킬로미터 위에서 북극, 우리나라, 남극을 도는 궤도에 있기 때문에 지속적으로 우리나라 위를 지나고 있어요.

백승환 박사님

위성을 내려놓은 누리호는 어떻게 됐어요? 계속 우주에 있는 건가요?

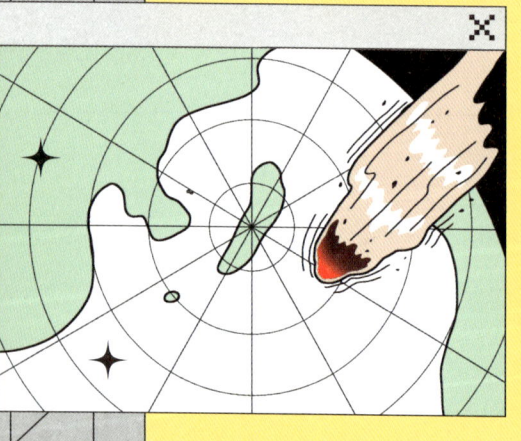

성능 검증 위성을 목표 궤도에 내려놓은 누리호는 아주 천천히 지구로 떨어지고 있어요. 지구에 떨어지기까지 3년 이상 걸려요. 지구로 떨어질 때에는 대기권과 마찰을 일으키며 완전히 불타 없어지기 때문에 사고가 날 걱정은 안 해도 된답니다.

지구 위엔 모두 얼마나 많은 인공위성이 있나요?

지금 지구 위에는 약 1만 4000개 정도의 인공위성이 궤도를 돌고 있어요. 그중 7000개 정도가 아직까지 임무를 수행하고 있지요. 수명을 다한 7000개 인공위성은 우주 쓰레기인 셈이지요. 우리나라에서 발사한 인공위성은 우리별 1호부터 시작해서 다목적 실용 위성, 기업 통신 위성 등 24개가 넘어요.

그럼 임무 수행을 모두 끝낸 인공위성은 어디로 가요? 인공위성이 서로 부딪칠까 봐 걱정돼요.

임무가 끝난 인공위성은 정상적으로 활동하는 인공위성에 위협이 돼요. 이런 우주 쓰레기들을 수거해서 우주 활동을 지속 가능하게 하려는 방법이 활발히 연구되고 있어요. 예를 들면, 레이저를 쏘거나 큰 그물을 쳐서 수명이 끝난 인공위성의 속도를 줄여 지구로 떨어지게 하는 방법 등이 있어요.

조남경 박사님

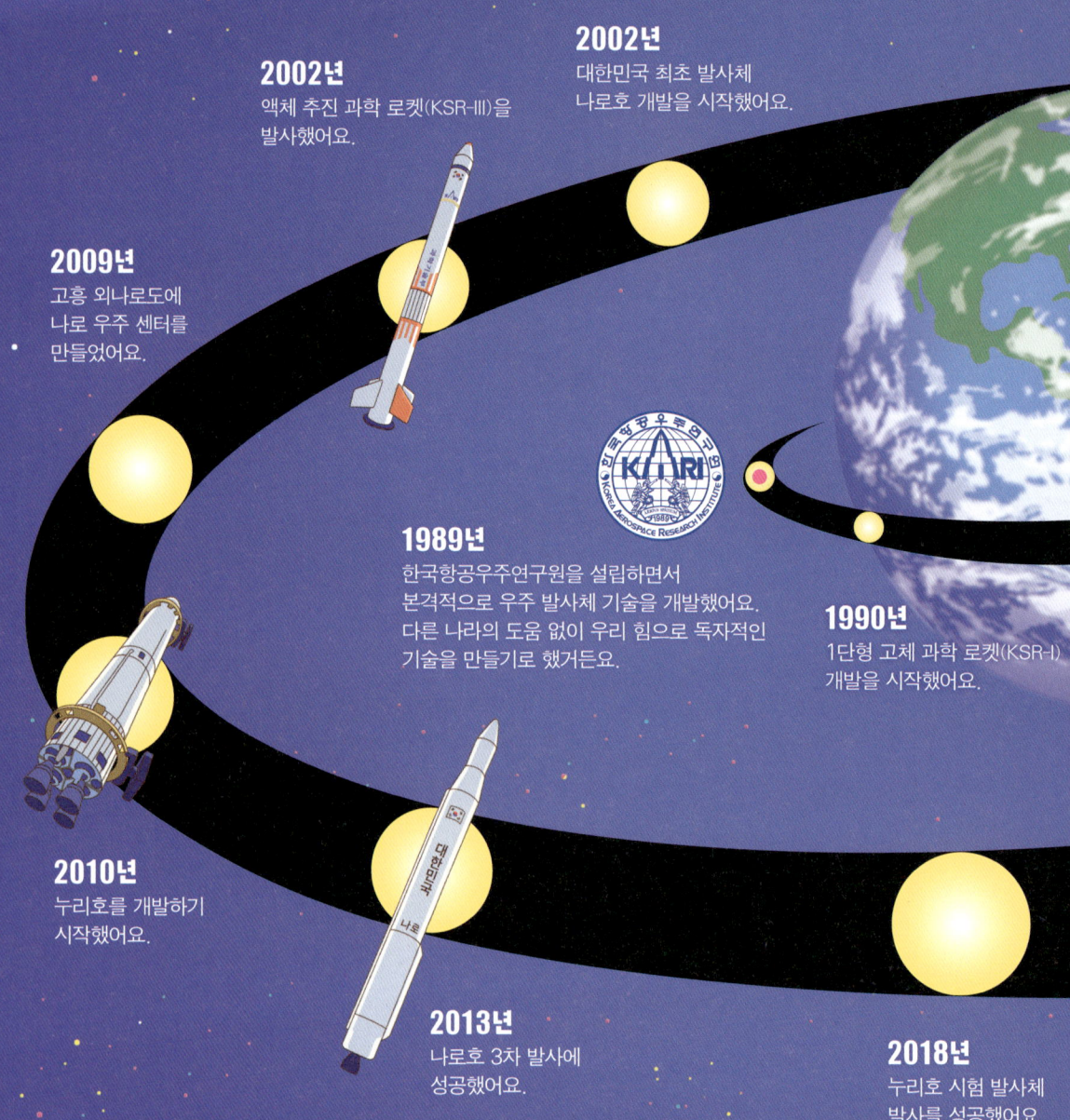

누리호 발사 성공 뒷이야기

누리호 발사 성공이 어느 순간 뚝딱 이루어진 건 아니에요.
우리나라가 로켓을 처음 쏘아 올린 것이 1993년이니까
최초 로켓 발사 후 30년이 걸렸어요!

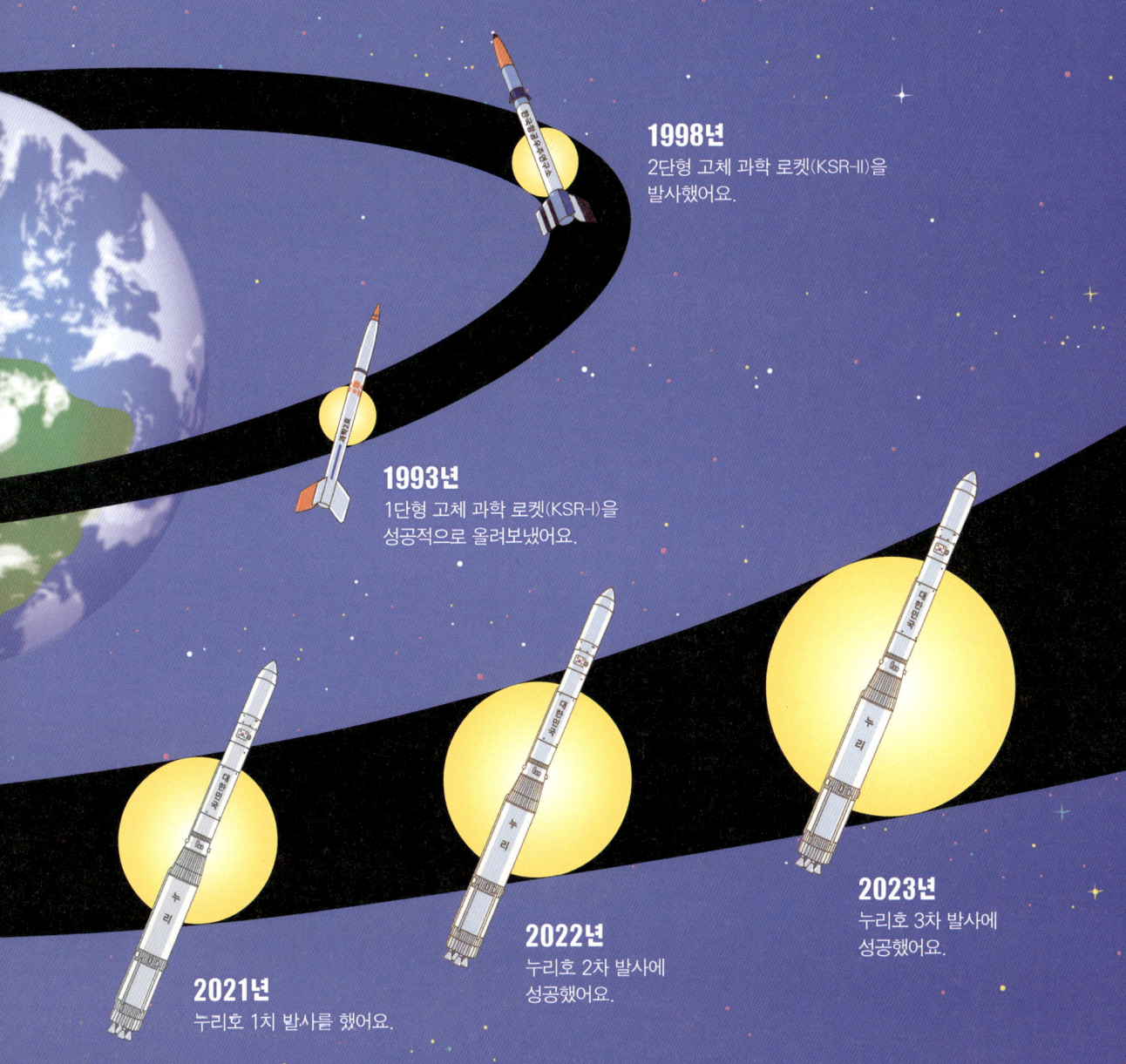

1998년
2단형 고체 과학 로켓(KSR-II)을 발사했어요.

1993년
1단형 고체 과학 로켓(KSR-I)을 성공적으로 올려보냈어요.

2021년
누리호 1차 발사를 했어요.

2022년
누리호 2차 발사에 성공했어요.

2023년
누리호 3차 발사에 성공했어요.

누리호 1차 발사

앞에서 다룬 이야기는 2022년 6월 21일에 있었던 누리호 2차 발사기를 담은 거예요.
이전에 누리호는 1차 발사를 시도했어요.
1차 발사는 2021년 10월 21일 진행되었어요. 누리호는 1단과 페어링, 2단을 목표대로 모두 분리하고 무사히 우주에 올랐지만, 누리호에 실린 위성모사체가 궤도에 무사히 도착하지 못했지요.
위성모사체가 궤도에 다다르지 못한 건, 3단 엔진이 계획보다 빨리 꺼졌기 때문이에요. 그렇지만 이때 모든 과정을 한번 실행해 봤기 때문에 2차 발사를 확실하게 성공할 수 있었어요.

누리호의 여정은 발사 성공 뒤에도 계속되었어요.
2023년 5월 25일에는 누리호 3차 발사에 성공했어요. 계획한 대로 우주로 날아올라 가지고 갔던 인공위성을 제대로 분리해 내려놓았어요.
이전 발사와 달랐던 점은 누리호에 차세대 소형 위성 2호가 실려 있었다는 거예요. 이건 실제로 사용되는 인공위성이에요. 차세대 소형 위성 2호는 고도 550킬로미터 궤도를 2년 동안 돌면서 지상을 관측할 거예요. 또 누리호 3차 발사 때 함께 실은 큐브 위성도 각자 맡은 임무를 수행할 거고요.
큐브 위성 중에 한국 천문 연구원의 '도요샛'은 러시아 우주 발사체를 이용해 우주로 가려던 인공위성이었어요. 하지만 우크라이나와 러시아의 전쟁 때문에 발사가 미뤄지다가 결국 누리호를 타고 우주로 가게 된 거예요.
우리가 세계 7번째로 실용 인공위성을 우주 발사체에 실어 우리 기술로 쏘아 올린 순간이었어요. 대한민국도 우주 강국으로 발돋움한 거예요.

누리호 발사 역사
(나로 우주 센터)

- 1차 _ 실패
- 2차 _ 성공 — 2021년 10월 21일 17:00 위성모사체
- 3차 _ 성공 — 2022년 6월 21일 16:00 위성모사체, 성능 검증 위성
- 4차 _ 발사 예정 — 2023년 5월 25일 18:24 차세대 소형 위성 2호, 도요샛 4기, 민간 위성 3기
- 5차 _ 발사 예정 — 2025년 차세대 중형 위성 3호(예정)
- 6차 _ 발사 예정 — 2026년 초소형 위성 2, 3, 4, 5, 6호(예정)
- 2027년 초소형 위성 7, 8, 9, 10, 11호(예정)

누리호는 앞으로 세 차례 더 발사돼 기술적인 신뢰도를 높일 예정이에요. 또한 누리호 성능을 뛰어넘는 차세대 발사체 개발도 시작했어요. 차세대 발사체는 누리호보다 훨씬 더 무거운 물체도 실어 보낼 수 있을 거래요. 2032년 달에 착륙선을 보낼 때 쓰일 거라고 해요.

지구

한국형 달 탐사선

우리나라에는 인공위성만 있는 게 아니에요. 달 탐사선 '다누리'도 있어요. 달 탐사선이라면 말 그대로 달을 탐사하기 위한 우주선이에요. 달의 궤도를 도는 궤도선인데 미국 플로리다주에 있는 우주군 기지에서 2022년 8월 미국 스페이스X의 우주 발사체 팰컨9을 타고 우주로 날아갔어요. '다누리'라는 이름은 '달'을 '누리'라는 염원을 담았다고 해요.

달을 탐사할 수 있는 나라는 많지 않아요. 다누리가 성공하면서 우리나라는 세계 7번째 달 탐사국이 되었어요.(러시아-미국-중국-일본-유럽 연합-인도-대한민국)

우리나라는 앞으로 달 탐사선을 세 번 발사할 거예요. 첫 번째로 성능을 검증하는 위성을 2030년에 쏘아 올리고, 달 착륙선 예비 모델을 2031년, 진짜 달 착륙선은 2032년에 달로 보낼 예정이에요. 훨씬 발전한 나로 우주 센터에서 발사하기를 함께 기대하고 있어요.

누리호 그다음, 차세대 발사체

지금보다 더 성능이 좋은 첨단 기술 발사체를 '차세대 발사체'라고 불러요. 우리나라는 2023년부터 누리호보다 더욱 성능이 좋은 차세대 발사체를 개발하기 시작했어요.
약 10년 동안 개발할 예정이에요. 특히 로켓 1단에 100톤급 이상 추력을 내는 엔진 5개를 설치하려고 해요. 그럼 1단의 추력이 모두 500톤급이 되는 거예요.
그럼 앞으로 누리호보다 훨씬 크고, 무거운 위성도 우주로 보낼 수 있어요. 앞으로 개발하게 될 국가 위성과 우주 탐사를 위한 달 착륙선까지 실어 보낼 계획이에요.

우주 개발의 노력은 계속되어야 해요.
누리호보다 더 성능이 좋고 큰 우주 발사체를 만드는 다음 계획을 이루면, 또 그다음 계획을 세울 거예요.
달은 물론 화성까지 가는 우주 발사체도 만들게 될 거예요. 사람도 타고, 강아지도 함께 탈 로켓도 언젠가는 만들어질 거예요.
누리호의 기적을 만들어 세계를 깜짝 놀라게 했던 대한민국 우주 개발 기술이 또 어떤 마법 같은 놀라운 일을 만들어 낼지 기대돼요.

지금 이 책을 읽고 있는 어린이가 그날의 주인공이 될 수도 있을 거예요. 그날, 미래의 어린이들과 만나면 오늘 나눈 이 이야기를 꼭 전해 줘요!

생생 인터뷰 뒷이야기

누리호 박사님들이 전하는
발사 성공 그날!

조남경 박사님

누리호 발사 때, 땅을 박차고 올라가는 누리호의 에너지가 3킬로미터 넘게 떨어져 있었던 저에게 커다란 진동으로 전달되었어요. 이렇게 연료 속에 잠재된 에너지를 직접 몸으로 느꼈던 경험은 오랜 시간이 지나서도 기억할 수 있을 것 같아요. 누리호는 다양한 분야의 많은 사람과 협력하면서 발사까지 할 수 있었어요. 서로가 협력하면 해낼 수 있다는 것을 것을 깊이 느낄 수 있었던 시간이었어요.

여인석 박사님

한국항공우주연구원에 들어온 뒤로 누리호 발사 성공만을 가슴에 품고 여기까지 달려왔어요. 그래서 누리호가 이륙하던 그 순간을 떠올리면 지금도 심장이 두근두근해요. 누리호 엔진에 불이 붙는 순간 느꼈던 엄청난 굉음과 진동이 생생하거든요. 잦은 출장으로 함께 있지 못한 가족들도 생각났고요. 그날의 벅찬 감동과 고마움은 차세대 발사체를 개발하기 위한 힘이 될 거예요!

백승환 박사님

누리호 발사를 성공하기까지 정말 많은 인내와 용기가 필요했어요. 특히 누리호 1단 엔진 클러스터링 시험을 할 때가 기억에 남아요. 폭발 위험을 감수하면서 몇 달에 걸쳐 천천히 진행하거든요. 단계가 높아질수록 위험 요소가 커져서 불안하고 힘들었는데 최종 시험을 마치고 나니 자신감이 생기더라고요. 그러고 나니 누리호 발사 성공까지 이루었어요! 가족과 동료들이 함께 이겨 낸 순간은 제 인생을 모두 합쳐 가장 값진 경험이 될 것 같아요.

남창호 박사님

우주 개발은 늘 선진국만의 일이라고 생각했는데, 우리나라에서도 한국형 우주 발사체 개발을 해냈다는 생각에 가슴이 벅찹니다. 우리나라에서는 아무도 가 보지 못한 길을 가야 한다는 생각에 설레면서도 늘 어깨가 무거웠거든요. 이젠 누리호가 걸어온 길이 또 다른 우주 발사체 개발의 이정표가 되어 줄 수 있겠네요. 그 속에서 애써 온 수많은 사람의 땀과 노력을 기억해 줬으면 좋겠어요.

작가의 말

더 넓고 더 먼 우주로 나아갈 어린이들에게

"드디어 우리나라에도 우주 센터가 건립됐습니다! 이로써 우리나라는 세계적인 우주 강국으로 가는 첫 번째 발걸음을……."

2009년 어느 날, 텔레비전에 뉴스가 나왔어요. 대문짝만하게 자막도 쾅쾅 나왔지요. 많은 사람은 '우주 센터가 생긴 게 나랑 무슨 상관이람?' 하고 말았어요. 그런데 몇몇 아이들이 텔레비전 앞으로 달려와 뉴스를 보며 생각했어요. '나도 언젠가 저 우주 센터에서 로켓을 쏘아 올릴 수 있을까?'

4년이 지나고 2013년이 되었을 때 그 아이들은 또 한번 깜짝 놀랐어요. 고흥 나로 우주 센터에서 만든 로켓, 나로호가 진짜 우주로 날아가고 있는 게 아니겠어요? 막연한 상상이 진짜 현실로 바뀌는 순간이었어요.

"좋아! 그럼 나도 커서 우주인이 될 거야!"

그렇게 10년이 또 지났어요. 나로호를 보며 우주인이 되겠다던 아이들은 대학에 들어가서 작은 큐브 인공위성을 만들기 시작했어요. 우리 기술로 만든 한국형 발사체 누리호에 직접 만든 인공위성을 실어 보내고 싶었던 거예요. 그런데, 그 결과가 어땠냐고요? 놀라지 말아요. 그 꿈이 이루어졌어요! 2022년 6월에 우주로 날아간 누리호에는 대학에서 만든 큐브 인공위성이 무려 4개나 있었어요. 이 큐브 위성을 만든 사람들이 바로 나로호를 보며 우주를 꿈꾸던 '나로호 키즈'였던 거예요.

우주는 우리가 꼭 열어 봐야 할 비밀 상자예요. 아무도 가지 않은 길을 갈 수도 있고, 아무도 보지 못했던 걸 볼 수도 있어요. 공상하고 상상했던 머릿속 이야기가 현실이 되는 걸 경험할 수도 있겠죠. 그 주인공이 되는 건 누굴까요? 맞아요! 꿈꾸는 어린이예요!

우주라는 마법 상자를 열기 위해서는 잠금 장치를 풀어 줄 기술자도 있어야 하고, 직접 그 안으로 뛰어 들어갈 우주인도 필요해요. 그러니까 정말 많은 '우주 키즈'가 있어야 해요. 누리호의 성공을 보면서 다음 로켓을 만들어 갈 미래 우주 과학자들 말이에요.

우주로 나아가겠다는 꿈이 생겼다면 망설이지 말고 도전해요. 어쩌면 수많은 실패와 좌절이 기다리고 있을지도 모르지만, 포기하지 않는다면 반드시 성공할 거니까요.

혹시 이 책을 읽고 우주를 꿈꾸게 됐다면, 그래서 언젠가 우주에 진짜 가게 된다면 이것 하나만 부탁할게요. 여러분이 경험했던 도전은 어떤 것이었는지 저에게도 꼭 들려줘요. 정말 많이 기대되거든요!

언젠가 시작될 우주여행을 꿈꾸며
정호영